아홉살 돈 습관 사전

아홉살 돈 습관 사전

박정현 지음 | 남현지 그림

 생활편

금융 감각이 쑥쑥 자라는
27가지 현명한 돈 이야기

머리말

안녕하세요, 여러분?

지금 잠깐 주위를 둘러보세요.
혹시 고개를 빼꼼 내밀고 있는 돈을 발견했나요?

돈은 우리 생활 곳곳에서 살아 숨 쉬고 있어요.
여러분과 친해지기만을 기다리고 있지요.

하지만 누구에게나 모습을 드러내지는 않아요.
돈을 바르게 알고자 노력하고
아끼려는 사람에게만 다가와요.

『아홉 살 돈 습관 사전: 생활편』에서는
돈과 친해지는 27가지 이야기를 들려줄게요.

이 책에는 돈을 벌고, 쓰고, 모으고, 불리는
쉽고 재밌는 방법이 담겨 있어요.
또, 돈에 대한 다양한 질문과 활동도 가득하답니다.

책을 덮을 때쯤이면 어느덧 돈과 부쩍 친해져 있는
스스로를 발견하고 깜짝 놀랄지도 몰라요.

여러분이 돈에 대한 지식과 지혜, 올바른 마음을 가진
건강한 어른으로 자라는 데 도움이 되면 좋겠어요.

박정현 선생님이

차례

머리말 004

 1장 돈이 궁금해요 + 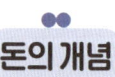 돈의 개념

1 100원으로는 아무것도 못 해요. 돈도 아니에요! 돈의 가치 012

2 어린이는 돈 얘기를 하는 게 아니래요 돈을 대하는 태도 016

3 신용카드 한 장이면 뭐든지 다 살 수 있어요! 신용과 빚 020

4 왜 우리 집은 수빈이네만큼 부자가 아니에요? 빈부 격차 024

5 어떤 일을 해야 돈을 많이 벌 수 있나요? 직업과 돈 028

6 무조건 돈 많이 버는 유튜버가 될 거예요 황금만능주의 032

7 나도 모르게 게임 아이템을 사는 데 돈을 다 썼어요 사행성 습관 036

궁금한 게 있어요! 돈과 가까워지는 다섯 가지 습관 040

똑똑하게 잘 모으기 ✦ 저축 습관

8 엄마는 왜 자꾸 용돈을 아껴 쓰라고 할까요? 절약 **044**

9 같은 용돈을 받는데, 왜 나만 항상 돈이 모자랄까요? 저축 **048**

10 돈을 모아서 사고 싶은 게임기가 있어요 목적과 계획 **052**

11 드디어 내게도 통장이 생겼어요 통장 개설 **058**

12 저금해 뒀더니 공짜 돈이 붙었어요! 이자와 금리 **062**

13 당근! 당근! 내가 가지고 있는 물건을 팔아요 중고 거래 **066**

궁금한 게 있어요! 금리는 어떻게 정해요? **070**

3장 현명하게 잘 쓰기 ✦

14 왜 돈을 계속 쓰면 안 되죠? 자꾸자꾸 쓰고 싶은데! 한정된 자원 **074**

15 우리 엄마 취미는 홈쇼핑이에요 충동구매 **078**

16 나 빼고 전부 푸시팝을 갖고 있단 말이에요 모방 소비 **082**

17 스티커가 갖고 싶어 예서에게 돈을 빌렸어요 외상과 빌리기 **086**

18 새 운동화와 새 가방 중 하나만 골라야 한다고요? 기회비용 **090**

19 매번 최신 휴대폰으로 바꾸고 싶어요 과시 소비 **094**

20 손가락만 까딱이면 택배가 와요 인터넷 쇼핑 **098**

  궁금한게 있어요! 돈을 잘 쓰는 세 가지 방법 **102**

4장 넉넉하게 돈 불리기 · 투자 습관

21 돈이 불어나는 마법이 있다고요? 투자 106

22 투자는 좋은 거라고 했는데 투기는 왜 나빠요? 투기 110

23 내 짝꿍은 세뱃돈 대신 주식을 받았대요 주식 114

24 우리 아빠는 주가 따라 기분이 오르락내리락해요 주가 118

25 내 친구 경민이의 꿈은 건물주래요 부동산 122

26 제 용돈은 전부 주식에 투자할래요 분산 투자 126

27 공부해도 돈은 한 푼도 안 생기는데, 왜 해야 돼요? 교육 투자 130

궁금한게 있어요! '가격'보다 더 중요한 '가치' 134

함께 읽으면 좋은 책 136

CHAPTER 1

돈이 궁금해요

 돈의 개념

1
100원으로는 아무것도 못 해요.
돈도 아니에요!

내 이야기를 들어 봐

슈퍼에 반찬 심부름을 다녀왔다.

엄마가 잔돈은 심부름값이라고 하셨다.

엄마가 나에게 준 돈은 5000원.

영수증에 찍힌 돈은 4900원.

잔돈은 고작 100원이다.

"100원밖에 안 남았어. 100원으로 뭘 해."

내가 투덜대자 엄마는 돈을 도로 가져갔다.

"그럼 이리 줘. 100원도 자기 무시하는 주인은 싫대."

작은 돈도 소중하게 여겨야
돈이 서서히 불어나요.

　우리 반 친구들에게 용돈으로 100원을 받으면 어떤지 물어봤어요. 그랬더니 다들 코웃음을 쳤어요. "100원으로는 아무것도 못 해요. 적어도 1000원은 받아야죠"라고 했지요.

　솔직히 고백하자면 선생님도 푼돈은 소홀히 여겼던 때가 있었어요. 그러던 어느 날, 대청소를 하며 집 안에 흩어져 있던 푼돈을 한데 모았더니 무려 5만 원이 넘지 뭐예요?

　요즘 선생님은 동전이나 작은 돈이 생길 때마다 바구니에 넣어요. 마치 요술 바구니 같아요. 시간이 지나면 나도 모르게 돈이 불어나 있거든요.

　돈은 '자석'이랑 비슷해요. 자석은 서로 가까이에 두면 달라붙지요? 돈도 그래요. 모으면 서로 끌어당겨서 점점 커져요. 만약 작은 돈이라고 하찮게 여기고 여기저기 내버려 두면 절대 큰돈이 될 수 없어요.

　혹시 여러분 주변에도 동전이 아무렇게나 굴러다니고 있나요? 그럼 얼른 주워서 모아 보세요. 돈이 돈을 끌어당겨 커지는 마법을 꼭 느껴 보면 좋겠어요.

올바른 돈 습관을 길러요

1 100원짜리 동전도 모으면 큰돈이 돼요.
어떤 방법으로 모을 수 있을까요?

2 하루에 100원씩 1년 동안 모은다면 얼마인가요?
이 돈으로 할 수 있는 일은 무엇이 있을까요?

3 우리나라 아홉 살 어린이는 모두 43만 명입니다.
각자 100원씩 모은다면 무려 4300만 원이나 돼요.
이 돈으로 할 수 있는 일은 무엇이 있을까요?

2
어린이는
돈 얘기를 하는 게 아니래요

> 내 이야기를 들어 봐

학교에서 돌아오니 우리 집에 엄마 친구들이 모여 계셨다.

재밌는 이야기를 나누시는 것 같았다.

"누구네는 이번에 투자를 해서 큰돈을 벌었대."

문득 우리 집은 돈을 얼마나 버는지 궁금했다.

"엄마, 우리 집은 얼마 벌어?"

그러자 엄마는 내 볼을 꼬집으며 말했다.

"어른들이 얼마 버는지는 몰라도 돼요.

어린이는 돈 이야기 하는 거 아니에요."

어른은 되고 어린이는 안 된다는 거야?

말도 안 돼!

돈에 대해 궁금한 게 있다면 부모님께 물어보세요.

돈 이야기는 어린이에게 어울리지 않는다고 생각하는 어른들이 있어요. 돈은 어른에게도 복잡하고 어려운 문제이기 때문이에요. 또, 여러분이 돈 생각에만 골똘히 빠진 나머지 친구나 공부처럼 다른 중요한 것들을 놓치게 될까 걱정하시는 거예요.

그럼 어린이는 돈 이야기를 하지 말아야 할까요? 그렇지 않아요. 당연히 어린이도 돈에 대해 궁금한 게 너무 많아요. 호기심 보따리를 풀어야 돈에 대한 지식도 쑥쑥 커질 수 있어요.

돈에 대해 궁금한 게 있다면 언제든지 부모님께 물어보세요. 대신 부모님 말고 다른 사람들에게 함부로 돈 이야기를 꺼내는 것은 조심해야 해요. 돈 이야기를 꺼리는 사람도 있거든요.

주변에 이야기 나눌 어른이 없어도 괜찮아요. 도서관에는 돈에 대해 친절히 알려 주는 책이 많으니 마음껏 빌려 읽으면 돼요. 머릿속에 가득한 호기심을 끄집어내다 보면 여러분도 돈에 밝은 어른으로 자랄 수 있을 거예요.

올바른 돈 습관을 길러요

1 돈에 대해 궁금한 것이 있다면 아래의 풍선에 무엇이든 써 보세요.

2 궁금한 것에 대한 대답을 찾아서 넣어 볼까요?
어른에게 물어도 좋고, 인터넷이나 책에서 찾아도 좋아요.

3
신용카드 한 장이면 뭐든지 다 살 수 있어요!

내 이야기를 들어 봐

엄마, 아빠가 지갑을 들고 식탁에 앉았다.

그러고는 지갑 속 신용카드를 몽땅 꺼냈다.

네모난 카드가 모두 10장 나왔다.

아빠가 말했다.

"이번 달 카드 값이 너무 많이 나왔어.

앞으로 사용할 카드 딱 2장만 남겨 두고

나머지는 다 버리는 거야."

 이해가 안 된다.

신용카드는 무엇이든 살 수 있게 해 주는데

왜 엄마, 아빠는 카드를 버린다고 할까?

신용카드는 조심해서 사용해야 해요.

신용카드는 참 편리해요. 카드 한 장을 내밀고 쓱쓱 사인만 하면 뭐든 살 수 있지요. 그런데 신용카드는 돈이 솟아나는 도깨비방망이가 아니에요. 신용카드를 사용하는 건 카드 회사에서 돈을 빌려 쓰는 거예요. 우리가 돈을 갚을 거라고 믿고 빌려주지요.

우리가 마트에서 신용카드를 쓴다고 생각해 볼까요?

① 신용카드로 계산하고 물건을 산다.
② 카드 회사에서 우리 대신 마트에 돈을 내 준다.
③ 한 달에 한 번 카드 회사에서 우리에게 돈을 갚으라고 한다.
④ 우리는 약속된 날짜에 카드 회사에 돈을 갚는다.

신용카드를 마구 쓰면 곤란한 일이 생겨요. 감당할 수 없을 만큼 많은 돈을 쓰고 후회하게 되지요. 갚지 못하면 어떻게 되냐고요? 신용을 잃게 되어 경제적으로 힘든 상황에 처하게 돼요. 정말 돈이 필요할 때 누구도 빌려주지 않으려 할 거예요. 또, 주변 가족까지 함께

괴로워져요.

　우리 모두 어른이 되면 카드를 사용할 거예요. 그래서 지금부터 카드를 함부로 사용하지 않는 연습을 해야 해요. 이를 도와주기 위해 '체크카드'가 있어요. 체크카드는 돈을 충전해서 사용해요. 충전한 만큼만 사용할 수 있으니 낭비하지 않을 수 있어요.

💰 올바른 돈 습관을 길러요

신용은 '믿음'이에요. 그래서 신용은 아주 중요해요. 신용을 잃으면 일자리도 구할 수 없고 여행도 가기 힘들고 사람들에게 비난을 받아요. "세 살 버릇 여든까지 간다"는 말처럼, 지금부터 신용을 쌓는 연습을 할 수 있어요.
우리가 신용을 쌓을 수 있는 방법에는 무엇이 있을까요?

1　숙제 밀리지 않고 잘하기

2

3

4 왜 우리 집은 수빈이네만큼 부자가 아니에요?

내 이야기를 들어 봐

수빈이 생일 파티에 다녀왔다.

나 말고도 15명이나 초대받았다.

수빈이네 집은 정말 크다.

수빈이 방에는 내가 갖고 싶은

레고 장난감이 한가득 있었다.

나도 친구들을 집으로 불러 생일 파티를 하고 싶다.

하지만 친구들을 잔뜩 부르기엔 집이 조금 좁다.

장난감도 훨씬 적다.

오늘은 수빈이가 조금 부러웠다.

돈이 많다고 우쭐하거나
돈이 적다고 주눅 들지 말아요.

사람들은 서로 가진 돈이 달라요. 저마다 가지고 있는 능력, 하는 일, 벌어들이는 돈, 씀씀이가 다르기 때문이에요. 물론 타고난 운이나 환경도 중요해요. 처음부터 부자로 태어나는 사람도 있는 반면, 가난한 환경에서 자라는 사람도 있으니까요.

다행히 모두 똑같이 갖고 있는 게 있어요. 바로 '시간'이에요. 시간은 누구에게나 공평해요. 부자와 가난한 자 모두에게 하루 24시간이 주어져요. 주어진 시간을 어떻게 활용하느냐에 따라 앞으로 펼쳐질 모습이 달라져요. 부자도 가난해질 수 있고 가난한 지도 부자가 될 수 있지요.

그러니 지금 나보다 돈을 많이 가진 사람을 보며 주눅 들 필요도 없고 적게 가진 사람을 보며 우쭐할 필요도 없어요. 물론 여러분이 당장 주어진 환경을 바꾸기는 힘들어요. 하지만 할 수 있는 게 하나 있지요? 바로 시간을 알차게 쓰는 거예요. 그러니 남과 비교하며 아까운 시간을 낭비하지 않기로 해요.

💰 올바른 돈 습관을 길러요

마쓰시타 고노스케는 일본의 기업가예요. 몹시 가난한 집에서 태어났지만 세계적인 대기업 '파나소닉'을 만든 전설적인 인물이지요. 그는 자신이 성공할 수 있었던 비결로 세 가지를 꼽으며 이렇게 이야기했어요.

나는 세 가지 은혜 덕분에 성공할 수 있었습니다.

첫째, 가난한 집입니다.
덕분에 어렸을 때부터 갖은 일을 하며 다양한 경험을 쌓을 수 있었습니다.

둘째, 약한 몸입니다.
몸이 약해 항상 운동에 힘썼기 때문에 건강할 수 있었습니다.

셋째, 초등학교조차 다니지 못한 것입니다.
그래서 저는 누구에게나 물어 가며 배우는 일에 게을리하지 않았습니다.

1 만약 그가 가난한 처지를 불평만 했다면 어떻게 되었을까요?

2 마쓰시타 고노스케처럼 나도 성공할 수 있는 이유 세 가지를 찾아볼까요?

5

어떤 일을 해야
돈을 많이 벌 수 있나요?

내 이야기를 들어 봐

나는 커서 돈을 많이 벌고 싶다.

내가 좋아하는 축구 선수는
1년에 800억 원을 벌었다.
입이 떡 벌어졌다.

내가 즐겨 보는 유튜버는
장난감을 갖고 노는 영상을 올린다.
즐겁게 놀면서도
엄청 많은 돈을 번다고 한다.

나는 어떤 일을 하면 좋을까?

돈을 많이 버는 일보다 가치 있는 일을 하는 게 중요해요.

　사람들은 저마다 다른 일을 하며 살아가요. 하는 일에 따라 버는 돈도 천차만별이지요. 여러분도 어른이 되어서 돈을 많이 벌고 싶은가요? 돈을 많이 버는 일에는 두 가지 특징이 있어요.

　첫째, 아무나 할 수 없는 일이에요. 의사가 되려면 열심히 공부해서 의과 대학에 입학한 뒤 10년간 준비해야 해요. 유명 아이돌 가수는 5년 넘게 매일 2시간씩 자며 춤과 노래를 연습했다고 해요.

　둘째, 많은 사람에게 도움을 주는 일이에요. 유명한 크리에이터 도티는 1년에 600억 원을 넘게 벌어요. 수많은 사람이 그의 방송을 보며 재미와 즐거움, 희망을 얻기 때문이에요.

　그런데 돈을 버는 일은 아니지만 정말 중요한 일도 있어요. 바로 집안일이에요. 부모님은 매일 식사 준비, 설거지, 빨래 등 온갖 힘든 일을 하시죠. 또, 우리의 건강과 기분까지 세심하게 챙겨 주시고요. 덕분에 우리 가족이 행복하고 안전하게 살 수 있어요.

　돈을 많이 버는 것은 중요해요. 하지만 그보다 중요한 건 가치 있는 일을 하는 거예요. 가치 있는 일을 하면서 돈도 원하는 만큼 벌 수 있다면 가장 좋겠지요?

💰 올바른 돈 습관을 길러요

대가는 없지만 해야 하는 일을 '그림자 노동'이라고 해요. 집안일은 대표적인 그림자 노동이지요. 만약 집안일을 돈으로 계산한다면 얼마가 될까요? 여러분의 생각을 써 보세요.

집안일	돈으로 계산하면? (한 달)
식사 준비	
방 청소	
설거지	
빨래	
분리수거	
학교·학원 숙제 봐주기	
총 금액	

6
무조건 돈 많이 버는 유튜버가 될 거예요

내 이야기를 들어 봐

오늘 학교에서 장래희망을 발표했다.

나는 많은 구독자를 거느린 유튜버가 되고 싶다고 했다.

그러자 선생님이 물었다.

"왜 유튜버가 되고 싶어요?"

"음…. 그냥 하고 싶어요."

"그럼 어떤 영상을 찍고 싶어요?"

"아직 모르겠어요. 근데 유튜브를 하면 돈 많이 벌 수 있대요."

그러자 애들이 와르르 웃었다.

난 솔직하게 말했을 뿐인데.

얼굴이 빨개져서 얼른 자리에 앉았다.

돈보다 소중한 것들이 많이 있답니다.

돈을 많이 버는 게 꿈이라니 아주 솔직하고 멋진 꿈이네요. 우리가 살아가는 데 돈은 아주 중요하잖아요. 그런데 설마 '돈만 벌 수 있으면 무슨 일이든 할 수 있다'는 생각을 하는 건 아니겠지요?

이런 생각을 '황금만능주의'라고 해요. 황금만능주의에 물든 사람은 돈만 벌 수 있다면 남에게 피해를 주더라도 아랑곳하지 않아요. 심지어 법을 어기는 잘못까지 저지르기도 해요.

그런데 정말 돈이 최고일까요? 미다스 왕 이야기를 들려줄게요. 미다스 왕은 신에게 도움을 준 대가로 소원을 빌 수 있는 기회를 얻었어요. 그는 세상 제일가는 부자가 되고 싶었어요. 그래서 손에 닿는 모든 것을 황금으로 만들어 달라고 했죠. 하지만 사랑하는 딸을 껴안다 그만 딸이 황금으로 변하고 말았어요. 왕은 후회했지만 소용없었지요.

혹시 여러분도 돈이 최고라고 생각하나요? 행복하게 살기 위해서 돈은 꼭 필요해요. 하지만 돈이 행복의 전부는 아니에요. 돈보다 소중한 친구, 가족, 건강을 보살피는 현명한 여러분이 되길 바랄게요.

올바른 돈 습관을 길러요

> **"만약 10억 원이 생긴다면 죄를 짓고 1년 정도 감옥에 가도 괜찮습니까?"**
>
> 우리나라 고등학생 10명 중 6명, 중학생 10명 중 4명, 초등학생 10명 중 2명의 선택
>
> **'네'**

출처: 〈2017년 대한민국 청소년 정직지수〉, 흥사단

1 여러분은 10억 원을 받는다면 감옥에 가도 괜찮은가요?

- 대답:
- 이유:

2 나에게 돈보다 소중한 것들을 적어 보세요.

⑦ 나도 모르게 게임 아이템을 사는 데 돈을 다 썼어요

내 이야기를 들어 봐

꼭 갖고 싶은 게임 아이템이 있다.

엄청 특별하고 좋은 아이템이라

돈을 내고 뽑기를 하는데 정말 정말 잘 안 나온다.

'이번에는 되겠지?'

기대했는데 역시나 꽝이다.

벌써 20번째다.

10분 만에 세뱃돈 10만 원을 몽땅 써 버렸다.

엄마가 이 사실을 알면 안 되는데….

나도 내가 왜 그랬는지 모르겠다.

도박의 늪에 빠지면 쉽게 헤어 나올 수 없어요.

방송에서 어떤 아저씨의 기막힌 사연이 소개됐어요. 그 아저씨는 지금껏 복권에 당첨되기 위해 전 재산을 몽땅 쏟아부었지만 당첨되지 못했어요. 그런데도 미련을 버리지 못하고 계속 복권을 사고 있었지요.

우리도 평소에 재미로 뽑기 게임을 해요. 인형 뽑기를 하며 조마조마한 마음을 느끼고 사다리 타기를 하며 한껏 긴장하기도 하지요. 혹시 결과가 꽝이더라도 가벼운 오락쯤으로 여기고 끝내요.

그런데 여기서 그치지 않고 돈내기를 하면 '도박'이 돼요. 도박은 중독되기 아주 쉬워요. '이번 한 번만.. 제발 딱 한 번만!' 하다 보면 어느새 한 번이 두 번이 되고, 두 번이 세 번이 되거든요. 결국 전 재산을 탕진하고 가난해지는 사람들이 생겨나요.

행운은 누구에게나 찾아가요. 그런데 두 부류의 사람은 피해 가요. 억지로 행운을 찾으려 애쓰는 사람 그리고 하루아침에 부자가 되겠다는 헛된 욕심만 가득한 사람이지요. 그러니까 도박을 일삼는 사람에게는 결코 행운이 찾아가지 않을 거예요.

올바른 돈 습관을 길러요

혹시 나도 도박 중독이 아닌지 확인해 보는 방법이 있어요.
아래 문항에 답하며 자기 상태를 알아보는 시간을 가져 보세요.

	문항	없음(0점)	있음(1점)
1	돈내기를 한 적이 있나요?		
2	돈내기 게임 때문에 기분 나빴던 적이 있나요?		
3	돈을 잃고 찾기 위해 다시 돈내기를 한 적이 있나요?		
4	돈내기를 부모님이나 선생님께 숨긴 적이 있나요?		
5	용돈을 돈내기 게임에 쓰고 후회한 적 있나요?		

내 점수는 (　　)점입니다.

0~1점: 초록불 그래도 언제나 조심하세요!
2~3점: 노란불 돈내기 게임을 당장 중단하세요!
4~5점: 빨간불 심각한 수준이에요. 부모님이나 선생님과 상의하세요!

> 궁금한 게 있어요!

돈과 가까워지는 다섯 가지 습관

❶ 호기심

과자 가격은 왜 오를까요? 편의점에서는 왜 원 플러스 원(1+1) 행사를 할까요? 돈은 우리 생활 곳곳에 숨어 있어요. 하지만 관심을 갖고 눈여겨보지 않으면 알아채지 못해요. 주변에서 일어나는 모든 일에 호기심을 갖고 질문해 보세요. 어느덧 돈과 부쩍 가까워져 있을 거예요.

❷ 독서

세계 부자들의 90%는 하루 30분 이상 독서를 한다는 조사 결과가 있어요. 책을 읽으면 세상의 수많은 지식과 지혜를 얻을 수 있어요. 당연히 돈을 버는 데도 많은 도움이 되겠지요. 우리도 매일 30분씩 책 읽는 시간을 마련해 볼까요?

❸ 절제

절제란 적당함을 지키는 마음이에요. 돈은 물 쓰듯 쓰면 결코 돈과 가까워질 수 없어요. 점점 멀어질 뿐이지요. 절제하는 힘은 언제 어디서나 기를 수 있어요. 밤에 더 놀고 싶어도 제시간에 잠들기, 배부르면 밥 그만 먹기, 주위 사람들에게 짜증 부리지 않기 모두 좋은 방법이에요.

❹ 정리 정돈

혹시 책상이나 방바닥에 온갖 잡동사니가 가득한가요? 그렇다면 여러분은 지금 돈과 멀어지고 있는 중이에요. 물건이 쌓이면 어디다 뒀는지 모르게 돼요. 그래서 있는 물건도 또 사게 되는 나쁜 버릇이 생기기 쉬워요. 정리 정돈을 깔끔하게 하면 꼭 필요한 물건만 사게 되어 돈과 가까워지게 된답니다.

❺ 시간 관리

"시간은 돈이다"라는 속담이 있어요. 시간 관리를 잘하는 사람은 돈과 가까워져요. 오늘밤 잠자리에 들 때 하루를 곰곰이 떠올려 보세요. 알찬 하루를 보내 뿌듯한 기분이 든다면 잘한 거예요. 반면, 시간을 헛되이 쓴 것 같은 기분이 들 수도 있어요. 그렇다면 내일부터라도 좀 더 시간을 알차게 보내도록 노력해요.

CHAPTER 2

똑똑하게 잘 모으기

저축 습관

8. 엄마는 왜 자꾸 용돈을 아껴 쓰라고 할까요?

> 내 이야기를 들어 봐

우리 엄마가 제일 많이 하는 잔소리가 있다.

"돈 좀 아껴 써."

내 용돈은 일주일에 고작 5000원인데

어떻게 아껴 쓰라는 말인지 모르겠다.

예서랑 놀기도 해야 하고, 떡볶이도 먹어야 하고,

이번에 새로 나온 스티커도 사려면

용돈이 모자라는데.

아낀다고 부자가 되는 것도 아닌데

왜 아껴 써야 할까?

절약은 미래의 기쁨을 위해 잠깐 기다리는 것이랍니다.

어른들은 항상 돈을 아껴 쓰라고 해요. 돈의 수도꼭지는 조금만 방심해도 새어 나가기 쉽거든요. 수도꼭지를 튼튼하게 조이는 최고의 방법은 절약이에요.

많은 어린이가 절약을 오해해요. 또 힘든 일이라고 생각하고요. 선생님과 함께 오해를 하나씩 풀어 볼까요?

먼저, 절약은 돈을 쓰지 않는 걸까요? 아니에요. 돈은 쓰기 위해 존재해요. 단, 제대로 써야 해요. 자질구레한 일에 돈을 쓰다 보면 정작 중요한 일에 쓸 돈이 없어지니까요. 그래서 평소에 돈을 아껴야 하는 거예요.

그럼 돈이 많으면 절약하지 않아도 될까요? 전혀 그렇지 않아요. 로또 1등에 당첨되고도 파산한 사람들이 있어요. 돈을 절약하지 않고 흥청망청 썼기 때문이에요.

선생님이 돈을 절약하는 방법을 알려 줄게요.

첫째, 돈을 쓰고 나면 기록해요. 얼마나 썼는지 눈으로 확인하면 절약하기 더 쉬워요.

둘째, 비상 상황에 대비한 돈만 조금 갖고 다녀요. 돈을 많이 가지고 다니면 함부로 쓰게 돼요.

셋째, 일상생활에서 돈을 아끼는 방법을 찾아요. 예를 들어 마트에 갈 땐 집에서 장바구니를 들고 가요. 또 할인 상품을 적극적으로 활용하는 것도 좋은 방법이에요.

어떤가요? 여러분도 충분히 할 수 있겠죠?

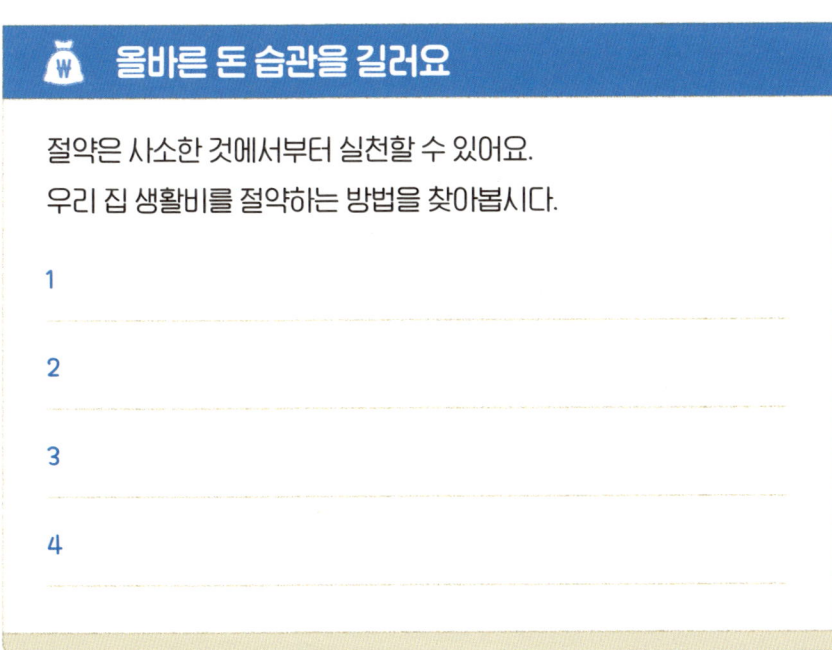

올바른 돈 습관을 길러요

절약은 사소한 것에서부터 실천할 수 있어요.
우리 집 생활비를 절약하는 방법을 찾아봅시다.

1

2

3

4

9

같은 용돈을 받는데, 왜 나만 항상 돈이 모자랄까요?

내 이야기를 들어 봐

다음 주 토요일은 어버이날이다.

동생과 돈을 모아 선물을 사기로 했다.

진짜 카네이션은 너무 비싸서

색종이와 편지지로 만들어 드릴 거다.

"누나, 우리 각자 3000원씩 내자."

앗, 지갑을 보니 돈이 없다.

"너 아직 용돈 남았어? 난 다 썼는데…. 좀 빌려주라."

"싫어! 겨우 모은 돈이란 말이야."

동생이랑 나는 똑같이 일주일에 5000원씩 받는다.

근데 왜 항상 동생만 돈이 남는 걸까?

저축은 미래의 나를 위해 준비하는 선물이에요.

동생에게만 용돈이 남아 있는 비결은 아주 간단해요. 바로 '저축'이에요. 저축은 돈을 조금 떼어 따로 모으는 걸 말해요. 평소에 저축을 꾸준히 하면 나중에 큰돈이 드는 일을 하거나, 큰돈이 드는 물건을 살 때 도움이 돼요.

저축을 꾸준히 하려면 사고 싶은 게 있어도 꾹 참아야 해요. 다행히 저축을 쉽게 만드는 방법이 있어요. '저축은 미래의 나를 위한 선물'이라고 생각하는 거예요. 이렇게 생각하면 저축할 날을 기다리게 돼요. 늘어나는 돈을 보며 뿌듯한 마음도 커지고요.

저축에 성공하려면 반드시 지켜야 할 순서가 있어요.

❶ 저축부터 한다.
❷ 그리고 남은 돈을 쓴다.

순서가 바뀌면 결코 돈을 모으지 못해요. 용돈이 남는 경우는 거의 없으니까요.

저축은 얼마나 해야 할까요? 정해진 답은 없어요. 중요한 건 매달 똑같은 돈을 저축하는 거예요. 가진 돈을 몽땅 저축하는 것도 좋지 않아요. 쓸 돈이 없으면 힘들어서 중간에 포기하게 되거든요.

선생님은 용돈의 절반을 저축하길 추천해요. 절반은 지금의 나를 위해 쓰고 나머지 절반은 미래의 나를 위해 보관하는 거죠. 물론 각자 사정에 따라 좀 더 늘리거나 줄일 수 있어요.

올바른 돈 습관을 길러요

이번 주 용돈이 얼마인지 쓰고, 얼마를 저축할지 다짐해 보세요.

이번 주 용돈: _____

저축할 금액: _____

✨ 목표한 만큼 다 하지 못해도 괜찮아요.
조금이라도 성공했다는 게 중요해요. ✨

돈을 모아서
사고 싶은 게임기가 있어요

> 내 이야기를 들어 봐

그래, 좋았어. 나도 이제 저축할 거야.

목표는 게임기!

내년 내 생일에 나를 위한 선물로 줘야지.

부모님이 시험에서 100점을 맞으면 사 준다고 했는데

아무래도 돈을 모아서 사는 게

더 빠를 것 같다.

게임기는 15만 원.

내 일주일 용돈은 5000원.

어디 한번 계획을 세워 볼까?

목표를 세우고 돈을 모으면 저축이 쉬워져요.

지금 가진 돈으로는 원하는 것을 사기에 턱없이 부족할 거예요. 하지만 "천 리 길도 한 걸음부터"라는 속담이 있지요? 계획을 짜고 차근차근 실천하다 보면 누구든 원하는 것을 가질 수 있어요.

저축해서 원하는 물건을 사고 싶은 친구들은 아래 세 단계를 따라 하세요.

목표: ○○○ 게임기
1 지금 갖고 있는 돈과 받을 용돈 생각하기
·갖고 있는 돈: 없음. ·받을 용돈: 매달 2만 원씩.   다가오는 추석에 할머니한테 용돈 5만 원을 받을 수 있음.
2 저축 기간 정하기
내 10살 생일까지 1년 남았다.

> **3 해야 할 일 정하기**
>
> 1 한 달에 만 원씩 1년간 저축하면 12만 원.
> 2 추석 용돈으로 받을 5만 원 중 3만 원은 저축하기.
> 3 학용품을 사거나 군것질하는 데 돈 쓰지 말고 아껴야지.

여기서 끝이 아니에요. 진짜 지킬 수 있는 계획인지 점검해야 해요. 여러분 모두 방학 계획표를 실컷 그려 놓고 나 몰라라 한 적 있지요? 실행에 옮기지 않으면 아무리 그럴듯한 계획도 소용없답니다. 계획을 세웠다면 아래의 세 가지를 점검해 보세요.

- 지킬 수 있는 계획인가요?
- 어떤 방해꾼이 나타날 수 있을까요?
- 방해꾼이 나타나면 어떻게 할까요?

여러분도 할 수 있어요! 스스로 저축 목표와 계획을 세우는 즐거움을 느껴 봐요.

함께 연습해 봐요!

목표를 가지고 돈을 모으면 저축하는 재미를 느낄 수 있어요.
사고 싶은 물건을 생각하고 돈을 모아 보세요.

목표:
1 지금 갖고 있는 돈과 받을 용돈 생각하기
2 저축 기간 정하기
3 해야 할 일 정하기
1
2
3

점검표	• 지킬 수 있는 계획인가요? • 어떤 방해꾼이 나타날 수 있을까요? • 방해꾼이 나타나면 어떻게 할까요?

목표:
1 지금 갖고 있는 돈과 받을 용돈 생각하기
2 저축 기간 정하기
3 해야 할 일 정하기
1
2
3

점검표	• 지킬 수 있는 계획인가요? • 어떤 방해꾼이 나타날 수 있을까요? • 방해꾼이 나타나면 어떻게 할까요?

11
드디어 내게도 통장이 생겼어요

> 내 이야기를 들어 봐

어느덧 저축 3개월째.

돈을 어디에 보관하면 좋을지 고민이다.

지금은 책상 서랍에 보관 중인데 볼 때마다 쓰고 싶어진다.

엄마에게 맡기는 건 안 된다.

나중에 다 쓰고 없다고 할 수도 있다.

그러자 엄마가 옆에서 말했다.

"은행에 가서 통장을 만들면 되지.

이따 통장 만들러 가자."

드디어 내게도 통장이 생기다니!

가슴이 두근두근하다.

통장을 만들면 돈을 잘 관리할 수 있어요.

나만의 통장을 가지는 건 굉장히 특별한 일이에요. 어엿한 돈의 주인이 된다는 의미거든요. 이제 여러분은 돈을 관리하는 장군이에요. 돈은 여러분을 위해 일하는 졸병이고요, 통장은 졸병들을 질서 있게 보관하는 장소예요.

아직 통장이 없다면 부모님과 은행에 가서 통장을 만드세요. 어떤 부모님들은 "이미 네 이름으로 만들어 둔 통장이 있다"라고 하실 거예요. 하지만 여러분 스스로 돈의 주인이 되고 싶다면 직접 관리하는 통장이 있어야 해요.

저축 통장에도 여러 종류가 있어요. 여러분 상황에 따라 알맞은 통장을 골라 보세요.

- **보통 예금**: 자유롭게 넣었다 뺐다 할 수 있는 통장이에요. 그러다 보니 진득하게 저축하기는 어려워요.

- **정기 예금**: 돈을 한꺼번에 저축하고 약속한 기간이 지나면 돌려받아요. 평소 정해진 용돈을 받지 않고 생일, 설날 등 특별한 날에만 돈을 받는 친구들에게는 예금이 좋아요. 최소 3개월은 저축해야 해요.

- **정기 적금**: 정해진 기간 동안 매달 똑같은 돈을 저축해요. 매달 일정한 용돈을 받는 친구들에게 추천해요. 단, 1년 이상 저축해야 하기 때문에 곧 돈이 필요하다면 추천하지 않아요.

올바른 돈 습관을 길러요

나만의 통장을 만들어 봅시다. 통장의 이름을 지으면 아끼는 마음이 들어서 책임감을 갖고 관리하게 돼요.

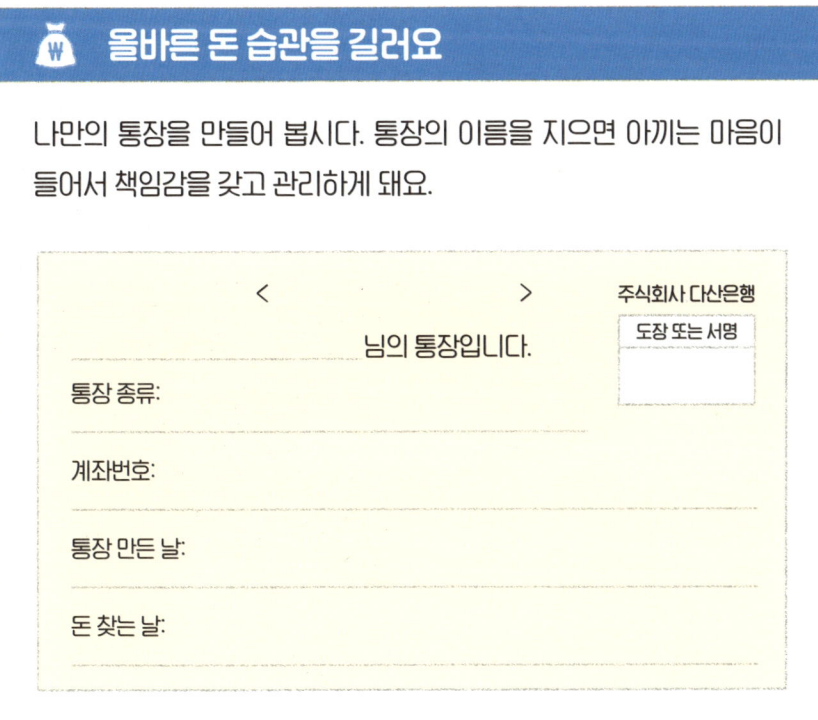

저금해 뒀더니
공짜 돈이 붙었어요!

내 이야기를 들어 봐

매달 1만 원씩 저축한 지 벌써 1년이 되었다.

그러니까 오늘은 적금 통장의

 돈을 찾으러 가는 날이다.

은행에 가서 통장 정리를 했다.

어랏?!

내가 저금한 돈은 12만 원인데

통장에 찍힌 돈은 '12만 1100원'이네?

분명 내 통장이 맞는데,

왜 공짜 돈이 붙어 있는 거지?

은행에 돈을 맡기면 이자가 생겨요.

약속된 시간이 지나고 통장을 보면 보너스 돈이 적혀 있을 거예요. 은행에 돈을 맡겨 줘서 고맙다고 주는 거예요. 이런 보너스 돈을 '이자'라고 해요.

왜 은행이 고마워하냐고요? 은행은 여러분이 맡긴 돈을 가만히 놔두지 않아요. 아깝잖아요. 그래서 필요한 사람들에게 빌려주고 이자를 받아 돈을 벌어요. 여러분의 저축 덕분에 돈을 벌었으니 고마워하는 게 당연해요.

그런데 은행마다 주는 이자가 거의 비슷해요. 마치 서로 약속이라도 한 듯이요. 그 이유는 이자가 '금리'에 따라 결정되기 때문이에요. 금리는 돈거래를 할 때 필요한 비용이에요.

여러분 통장에 붙는 이자는 얼마인가요? 아직 모른다면 꼭 알아보세요. 통장의 주인은 바로 나 자신이니까요. 단, 너무 기대하지는 말아요. 요즘엔 금리가 아주 낮아 콩알만 한 이자가 붙어서 실망할 수도 있어요.

올바른 돈 습관을 길러요

1 새로운 낱말을 많이 알게 되었어요.
낱말과 뜻을 알맞게 연결해 봅시다.

예금 •　　　　　　• 이자는 ○○에 따라 결정된다

이자 •　　　　　　• 은행에 저축하는 것

금리 •　　　　　　• 남에게 돈을 빌려 쓴 대가로 주는 돈

2 내 돈의 주인은 나예요. 돈을 보관하는 통장의 금리와 이자를 아는 건 기본이겠지요? 금리와 이자를 알아보고 아래에 써 봅시다.
[잘 모르면 부모님께 여쭤보세요.]

- 내가 가입한 통장: 예금 / 적금

- 금리:

- 이자:

12
이자와 금리

13

당근! 당근! 내가 가지고 있는 물건을 팔아요

내 이야기를 들어 봐

오랜만에 집 대청소를 했다.

쓰지 않는 물건을 모았더니 산더미였다.

아빠는 그중 쓸 만한 물건들을

팔아서 돈을 벌 수 있다고 했다.

몇 번 타지 않아 새것 같은 내 킥보드는

중고 판매 앱에 3만 원에 올렸다.

과연 살 사람이 있을까 싶었지만

글을 올리자마자 사겠다는 연락이 왔다.

내가 안 쓰는 물건이 돈으로 바뀌다니,

너무 재밌다!

13 중고 거래

중고 거래를 하면 안 쓰는 물건을 돈으로 바꿀 수 있어요.

누가 쓴 물건을 중고라고 해요. 요즘에는 중고를 사고파는 일이 아주 흔해요. 왜 헌 물건을 돈 주고 사는 걸까요? 그건 사람마다 생각하는 물건의 가치가 다르기 때문이에요. '가치'란 귀하게 여기는 정도예요. 킥보드는 내게 가치 없는 물건이지만 다른 사람에게는 가치가 있기에 팔린 거예요.

우리는 살다 보면 많은 물건을 사고 또 버려요. 그런데 갖고 있던 물건을 처리하는 건 골치 아픈 일이에요. 그냥 쓰레기봉투에 버릴 수 있으면 다행이겠지만, 그렇지 못한 경우가 허다하거든요. 어떤 물건들은 버릴 때도 돈을 지불해야 해요. 돈을 두 번이나 쓰게 되는 셈이지요.

하지만 중고 거래는 어떤가요? 나에게 쓸모없는 물건을 처리할 수 있는 데다가 용돈까지 벌 수 있어요. 물건을 사는 사람 역시 이득이에요. 좋은 물건을 저렴한 가격에 구할 수 있으니 알뜰살뜰한 소비를 하게 돼요.

중고 거래는 환경 보호에도 도움이 돼요. 안 쓰는 물건을 나눠 쓰고 재사용하면 쓰레기와 각종 오염물이 줄어들어요. 돈도 벌고 환경도 보호하는 일석이조의 중고 거래. 우리도 한번 도전해 볼까요?

🪙 올바른 돈 습관을 길러요

나에게 쓸모없는 물건도 다시 살펴봐요. 누군가에게 꼭 필요한 물건이어서 유용하게 쓰일 수 있어요. 나는 돈을 벌어 사고 싶은 물건을 살 수 있고요.

쓰지 않는 물건	아직도 쓸 만한가요?	얼마에 팔까요?

13 중고 거래

궁금한 게 있어요!

금리는 어떻게 정해요?

물건을 빌려 쓸 땐 이용료를 내야 해요. 돈을 빌릴 때도 마찬가지랍니다. 돈을 빌리는 이용료를 어려운 말로 '금리'라고 해요. 금리는 조금씩 오르락내리락해요.

금리는 아주 중요해요. 금리에 따라 사람들의 행동이 달라지고 나아가 국가 경제의 모습이 바뀌기 때문이에요. 금리가 낮아지면 은행에서 돈을 빌려 쓰는 사람이 늘어나요. 반대로 금리가 높아지면 돈을 저축하는 사람이 늘어나요. 은행에서 이자를 더 많이 주니까요.

우리나라는 한국은행*에서 한 달에 한 번 금리를 정하고 있어요. 그런데 금리를 정하는 건 무척 어려운 일이에요. 세계는 하나로 연결되어 있어서 우리뿐 아니라 외국의 상황도 두루 살펴야 하거든요. 예를 들면 이래요.

미국   금리를 올리기로 결정했습니다.

사람들 미국에서 금리를 올렸으니 더 많은 이자를 줄 거야. 한국에 저축한 돈을 빼내서 미국으로 옮겨야겠어.

한국   아이쿠! 큰일이야. 사람들이 돈을 빼 가다니. 우리도 미국 따라 금리를 올려야 하나? 그럼 돈을 빌린 사람들이 곤란해질 텐데…. 고민이군.

　한국은행은 금리가 적당한 수준으로 유지되도록 노력하고 있답니다.

★ **한국은행**: 우리나라의 돈과 경제를 관리하는 특수 은행으로 돈을 만들거나 금리를 정하는 일을 합니다.

CHAPTER 3

현명하게 잘 쓰기

 소비 습관

14
왜 돈을 계속 쓰면 안 되죠?
자꾸자꾸 쓰고 싶은데!

> 내 이야기를 들어 봐

주말에 마트에 갔다.

새로 나온 초코 과자를 시식했는데 너무 맛있었다.

내가 졸랐는데도 엄마는 사 주지 않았다.

"지난번에도 과자 먹고 싶다고 해서 사 줬더니

반도 못 먹고 버렸잖아.

그리고 지금 냉장고 안에 먹을 게 얼마나 많은데.

사 놓은 것부터 다 먹어야지.

돈만 계속 쓰면 안 돼."

사고 싶은 건 계속 생기는데

왜 돈은 계속 쓰면 안 되는 걸까?

14 한정된 자원

돈은 쓸 수 있는 양이 정해져 있어서 잘 써야 해요.

돈을 쓰면 기분 좋은 일이 많이 생겨요. 맛있는 치킨도 사 먹을 수 있고, 장난감을 사서 재밌게 놀 수도 있어요. 그러니 자꾸자꾸 돈을 쓰고 싶은 마음이 드는 게 당연해요.

그런데 돈은 쓸 수 있는 양이 정해져 있어요. 아무 때나 돈을 쓰다 보면 결국 빈털터리가 되고 말아요.

갖고 싶은 장난감을 산 기억이 있지요? 처음에는 하늘을 날아갈 만큼 기분이 좋았을 거예요. 하지만 일주일 정도 지나면 어떤가요? 점점 지루하고 재미없어져요. 결국 돈과 좋은 기분 모두 사라진 셈이죠.

돈을 잘 쓰려면 스스로 꼭 생각해야 할 질문이 있어요.

"얼마나 오랫동안 기분이 좋아질까?"

게임 코인을 충전하는 데 돈을 쓰고 하루 동안 행복했다면 1점짜리 소비예요. 친구와 공원에 운동하러 가서 친구에게 아이스크림을 사 주고 일 년 내내 추억으로 남는다면 365점짜리고요. 우리는 소중한 돈을 되도록 기분이 오래 좋아지는 일에 써야 해요.

 올바른 돈 습관을 길러요

1 돈을 써야만 기분이 좋아지는 건 아니에요. 우리 주변에는 돈을 쓰지 않고도 기분 좋아지는 일이 많답니다. 그런 일들을 찾아봅시다.

❶

❷

❸

❹

2 여러분은 어디에 돈을 썼나요? 소비에 점수를 매겨 봅시다.

내용	쓴 금액	며칠간 행복했나요?	점수
예) 떡볶이	2,000원	1일	1점

돈을 많이 쓴다고 점수가 높은 건 아니랍니다. 돈을 헛되이 쓰지 않으려면 몇 점짜리 소비인지 꼭 생각해 보도록 해요.

15
우리 엄마 취미는
홈쇼핑이에요

내 이야기를 들어 봐

엄마가 TV 채널을 돌리다 홈쇼핑에 멈췄다.

"스스로 회전하며 고기를 구워 주는 팬!
오늘만 3만 원 할인해서 단돈 9만 9000원에 드려요.
좋은 기회를 절대 놓치지 마세요."

"어머, 신기해라. 저걸로 고기 구우면 편하겠지?"

그때 화면에 '주문폭주'라는 글자가 번쩍였다.
엄마는 후다닥 주문 버튼을 눌렀다.
나도 문방구에 스티커 세트가 몇 개 안 남아서
빨리 사야 할 것 같았는데, 엄마도 그런가 보다.

충동구매는 돈 낭비의 지름길이에요.

　물건을 구경하다 보면 갑자기 사고 싶은 마음이 들 때가 있어요. 살 필요나 계획이 전혀 없는데 사는 것을 '충동구매'라고 해요.

　여러분 주위를 둘러보세요. 한두 번 쓰다가 뽀얀 먼지를 뒤집어쓴 채 덩그러니 놓인 물건이 있을 거예요. 대부분 충동구매로 산 물건들이지요.

　사람이라면 누구나 충동구매의 덫에 걸리기 쉬워요. 첫 번째 이유는 세상에 온갖 물건들이 매일 쏟아져 나오기 때문이에요. 새로운 물건을 보면서 그냥 지나치는 건 쉽지 않아요.

　두 번째 이유는 기업이 소비자의 지갑을 열기 위해 온갖 방법을 사용하기 때문이에요. 홈쇼핑에서는 '주문폭주'라는 말을 써서 초조함을 느끼게 만들어요. 마트에서는 계산대 옆에 어린이 눈높이에 맞춰 각종 사탕이나 초콜릿을 놔둬요. 모두 충동구매를 이끌어 내기 위한 방법이에요.

　충동구매를 하지 않는 두 가지 방법이 있어요. 첫째, 〈나만의 필요 물건 목록〉을 만들어요. 목록에 없는 물건은 사지 않기로 나 자신과 약속해요. 둘째, 물건을 사기 전에 하루 동안 고민할 시간을 가져요. 그동안 나에게 꼭 필요한지, 비슷한 물건은 없는지 살펴봐요. 신기하게도 하루만 지나면 사고 싶다는 생각이 온데간데없이 사라질 때가 많아요.

올바른 돈 습관을 길러요

평소에 필요한 물건을 생각해 두면 충동구매를 줄일 수 있어요. 〈나만의 필요 물건 목록〉을 만들어 봅시다.

번호	물건	필요한 이유
1		
2		
3		
4		
5		

16

나 빼고 전부 푸시팝을 갖고 있단 말이에요

내 이야기를 들어 봐

요즘 우리 반에는 푸시팝이 유행이다.

쉬는 시간만 되면 전부 푸시팝을 꺼내서 갖고 논다.

유튜브나 틱톡을 봐도 온통 푸시팝 영상밖에 없다.

내 짝꿍 하영이는

하트 모양 푸시팝을 샀다고 자랑했다.

잠깐 빌려서 갖고 놀았는데

뽁뽁거리는 느낌이 너무 좋았다.

오늘 부모님께 꼭 푸시팝을 사 달라고 해야겠다.

"나 말고 전부 푸시팝을 갖고 있단 말이에요!"

16 모방 소비

물건을 사기 전에 충분히 고민해 보세요.

유행하는 물건을 사고 싶다고요? 여러분만 그런 건 아니에요. 사람이라면 누구나 비슷한 기분이 들어요.

사람의 몸속에는 '거울 세포'가 있어요. 거울 세포는 남을 따라 하게 만들어요. 친구가 웃으면 나도 웃게 되고, 슬퍼하면 함께 슬퍼지는 것도 거울 세포 때문이에요.

그런데 따라 하고픈 마음이 물건으로 옮겨 가면 곤란해요. 유행은 쉽게 바뀌는데 그때마다 새로 유행하는 물건을 살 수는 없어요. 내 사정은 생각하지 않은 채 유행을 따르다 보면 나중에 후회하게 될 거예요.

또, 자기만의 독특한 개성이 사라지게 돼요. 우리는 자신에게 어울리는 걸 할 때 가장 멋져 보여요.

따라 사는 게 무조건 나쁘다는 것은 아니에요. 단, 사기 전에 충분히 고민해야 해요. 다음 세 가지를 꼭 생각해 보세요.

첫째, 나에게 꼭 필요한 걸까/어울리는 걸까?

둘째, 사게 되면 좋은 점은 뭘까?

셋째, 내가 가진 돈으로 살 수 있는 걸까?

가장 중요한 것은 내 마음속 목소리에 귀를 기울이는 거예요. 누군가를 따르지 않고, 나만의 것을 찾아 나갈 때 우리는 더 반짝여요.

올바른 돈 습관을 길러요

1 요즘 친구들 사이에서는 무엇이 유행하나요?

2 혹시 여러분도 사고 싶은 마음이 드나요?
아래 질문을 곰곰이 생각해 보며 대답에 동그라미표를 쳐 보세요.

나에게 꼭 필요한가요? 어울리나요?·················· [O / ×]
사게 되면 10번 이상 사용할 계획이 있나요?··········· [O / ×]
여러분에게 충분한 돈이 있나요?···················· [O / ×]

대답이 모두 'O'라면 남을 따라 사더라도 후회하지 않을 수 있어요.

17

스티커가 갖고 싶어
예서에게 돈을 빌렸어요

내 이야기를 들어 봐

집에 가는 길에 예서와 문방구에 들렀다.

새로 나온 스티커가 1000원이었다.

예서는 마침 어제 용돈을 받았다며

지갑을 꺼내 스티커를 샀다.

나도 갖고 싶었지만 이번 용돈은 다 쓰고 없다.

'엄마에게 사 달라고 했는데 안 된다고 하면 어쩌지?'

'혹시 내일 다시 왔는데 다 팔렸으면 어쩌지?'

그래서 예서에게 돈을 빌려서 샀다.

스티커를 갖게 돼서 기분은 좋은데

마음 한구석이 찝찝한 건 왜일까?

17 외상과 빌리기

함부로 돈을 빌려서도, 빌려주어서도 안 돼요.

왜 마음 한구석이 찝찝했을까요? 돈을 빌려 스티커를 산 게 잘못된 행동이라는 사실을 마음속으로 알고 있었기 때문이에요.

돈이 없으면 사면 안 돼요. 갖고 싶은 게 있으면 스스로 돈을 모은 다음 사야 해요. 그때 돼서 다 팔리면 어떻게 하냐고요? 어쩔 수 없지요. 우리는 세상 모든 물건을 가질 수는 없어요.

그렇다면 친구한테 작은 돈을 빌리는 건 괜찮을까요? 그렇지 않아요. 작은 돈은 빌리고 깜빡하기 쉽거든요. 작은 돈을 얕보고 쉽게 빌리다 보면 점점 더 큰 돈을 빌려서 곤경에 빠질 수 있어요.

만약 친구가 돈을 빌려 달라고 하면 어떻게 해야 할까요? 마음이 좀 불편하더라도 거절해야 해요. 친구에게 돈이 꼭 필요하다면 어른들이 해결해 주실 테니 불편해하지 않아도 돼요.

그래도 친구가 계속 조르는 상황이 생길 수도 있어요. 그럴 땐 "부모님께 허락을 맡아야 한다"라고 말하면 곤란한 상황에서 벗어날 수 있어요.

올바른 돈 습관을 길러요

1 가족이나 친구에게 돈을 빌린 적이 있나요?
무슨 일 때문에 빌렸나요? 그때의 기분도 써 봅시다.

빌린 이유	
빌린 액수	
그때 내 기분	

2 갖고 싶은 물건이 있지만 돈이 없을 때 어떻게 해야 하는지 나의 다짐을 적어 봅시다.

하겠습니다.

이름: (사인)

17 외상과 빌리기

18

새 운동화와 새 가방 중
하나만 골라야 한다고요?

내 이야기를 들어 봐

내일은 어린이날이다.

운동화냐, 가방이냐

아직도 선물을 고르지 못했다.

둘 다 가지고 싶지만

아빠는 하나만 골라야 한다고 말씀하셨다.

운동화를 사자니 가방이 눈앞에 아른거리고

가방을 사자니 낡은 운동화가 눈에 거슬린다.

무엇을 사야 가장 만족스러울까?

18 기회비용

무엇을 고르든 아쉬움이 적은 쪽을 골라야 해요.

우리는 원하는 것을 모두 가질 수는 없어요. 쓸 수 있는 돈과 시간이 정해져 있기 때문이지요. 결국 마음속에서 1, 2등을 놓고 한참 고민하다가 2등을 포기해요. 사지 못한 2등을 어려운 말로 '기회비용'이라고 해요. 만약 가방을 산다면 기회비용은 운동화예요.

우리의 일상은 선택의 연속이에요. 무엇을 선택하든 아쉬움(기회비용)은 생길 수밖에 없어요. 그래서 아쉬움이 가장 적은 쪽을 선택해야 해요. 방법은 그리 어렵지 않아요. 앞날을 조금만 상상해 보면 돼요.

- **가방을 살까? 신발을 살까?**
생각해 보니 나는 요즘 부쩍 자라는 중이야. 신발을 사면 곧 작아져서 신지 못할 거야. 아무래도 가방을 사는 게 좋겠어.

- **TV를 볼까? 방학 숙제를 할까?**
TV를 보면 즐거울 테고 숙제를 다 하면 후련할 거야. 즐거움은 2시간이면 사라지겠지만 후련함은 훨씬 오래 갈 거야. 그러니까 숙제를 해야지.

돈과 시간은 한번 쓰면 영영 돌아오지 않아요. 앞날을 생각하며 결정을 내린다면, 우리 앞에 놓인 어떤 갈림길에서도 현명한 선택을 할 수 있을 거예요.

올바른 돈 습관을 길러요

무엇을 살지 고민될 때는 '우선순위'를 정하면 도움이 돼요.
우선순위 정하는 연습을 해 봅시다.

	볼펜1	볼펜2	볼펜3
가격			
디자인			
기능			
만든 회사			
나만의 등수			

나의 선택은 (   )번 볼펜입니다.

그 이유는,

                                            입니다.

19
매번 최신 휴대폰으로
바꾸고 싶어요

내 이야기를 들어 봐

"나 휴대폰 샀다. 이것 봐라~."

원우가 새 휴대폰을 꺼내 들며 자랑했다.

무려 접었다 폈다 할 수 있는 최신 스마트폰이었다.

"우와, 이거 TV에서 봤는데 진짜 비싼 거잖아?"

"나 한 번만 만져 봐도 돼?"

원우 주변으로 친구들이 우르르 몰려들었다.

한순간에 인기쟁이가 된 원우가 부러웠다.

나도 최신 휴대폰을 사면

주목받을 수 있을까?

19 과시 소비

값비싼 물건이 없어도 멋진 사람이 될 수 있어요.

요즘 인터넷을 보면 값비싼 물건을 자랑하는 글이 쏟아져요. 왜 서로 경쟁하듯 자랑하는 글을 올리는 걸까요? 이유는 단 하나, 남에게 인정받고 싶은 마음 때문이에요. 비싼 물건으로 다른 사람의 관심과 부러움을 사서 짜릿한 기분을 느끼는 것이지요.

문제는 어린 학생들까지도 이런 잘못된 생각에 물들고 있다는 거예요. 모두 부자라서 값비싼 물건을 사는 걸까요? 그렇지 않아요. 대부분은 '부자처럼' 보이고 싶을 뿐이에요.

어릴 땐 학용품 같은 저렴한 물건으로 잘난 척할 수 있어요. 그런데 나이가 들수록 잘난 척하는 데 큰돈이 들어요. 급기야 자동차, 명품을 사기 위해 빚을 내는 어른도 많아요. 부자처럼 보이기 위해 점점 가난해진다니, 얼마나 어리석은 일인가요?

우리는 누구나 빛나고 싶어 해요. 하지만 빛나는 물건으로 자기를 감싸는 건 소용없어요. 아무리 비싸고 반짝이는 물건이라도 결국 시간이 지나면 낡고 빛이 바래거든요. 진정한 빛은 사람의 내면에서

나와요. 그러니 스스로 당당하고 멋진 사람이 되기로 해요. 그럼 어떤 물건을 걸치든 빛이 날 거예요.

올바른 돈 습관을 길러요

최신 휴대폰이 없어도 나는 빛나는 사람이에요.
나의 어떤 점이 빛나는지 나만의 장점을 적어 봅시다.
잘 생각이 안 난다면 부모님이나 친구에게 물어봐도 좋아요.

1

2

3

4

5

손가락만
까딱이면 택배가 와요

> 내 이야기를 들어 봐

밤 10시, 자려고 누웠는데 갑자기
내일 미술 준비물이 생각났다.

"엄마 나 내일 학교 준비물이 있는데…."
"왜 이제 이야기하는 거야? 알림장 가져와 봐."
엄마는 휴대폰을 이리저리 터치하더니
걱정 말고 어서 자라고 했다.
고작 1분밖에 안 걸렸다.

다음 날 아침,
현관 앞에 마법처럼 택배가 와 있었다.
정말 짱이다!

20 인터넷 쇼핑

인터넷으로 물건을 사면 편리하지만 주의할 점도 많아요.

요즘 현관 앞에 택배 상자가 쌓여 있는 집을 흔히 볼 수 있어요. 그만큼 인터넷으로 쇼핑하는 가정이 많아졌기 때문이에요.

인터넷 쇼핑의 가장 큰 장점은 돈과 시간을 절약할 수 있다는 거예요. 이리저리 가격을 비교하면 물건을 더 저렴하게 살 수 있어요. 또, 클릭과 터치 몇 번이면 쇼핑이 끝나지요.

그런데 인터넷 쇼핑 때문에 발생하는 문제도 많아요. 인터넷에는 정확하지 않은 정보가 많아서 자칫 사기를 당할 수도 있어요. 그리고 너무 편리한 나머지, 어른뿐 아니라 어린이도 물 쓰듯 쉽게 돈을 쓰게 돼요. 최근 미국에서는 여덟 살 어린이가 인터넷으로 아이스크림을 500만 원어치나 주문하는 일이 있었어요.

인터넷 쇼핑의 홍수 속에서 스스로를 지키려면 두 가지를 꼭 기억하세요.

첫째, 눈에 보이는 그대로 믿지 마세요. 상품 정보와 후기를 꼼꼼히 살펴봐야 해요. 둘째, 호기심에 여러분 혼자서 인터넷 쇼핑을 하지 마세요. 쉽고 편리한 만큼 주의해야 할 점도 많답니다. 그러니 부모님과 함께 하도록 해요.

 올바른 돈 습관을 길러요

최근 5년간 인터넷 쇼핑 피해 신고는 7만 건에 달한다고 해요. 아래와 같은 피해를 당한 사람들도 있어요.

예시

 불량 상품인데 환불을 안 해줘요.

인터넷 정보와 실제 상품이 달라요.

 판매자와 연락이 안 돼요.

물건을 구매하기 전에 꼼꼼히 살피고 조심해야 할 점은 무엇이 있을까요? 부모님과 함께 이야기를 나누어 보세요.

궁금한 게 있어요!

돈을 잘 쓰는 세 가지 방법

　돈은 두 가지 힘을 갖고 있어요. 세상을 밝게 만드는 착한 힘 그리고 어둡게 만드는 나쁜 힘이에요. 어떤 힘을 발휘할지는 돈을 쓰는 우리에게 달려 있어요. 그럼 돈은 어떻게 써야 나와 세상을 행복하게 만들 수 있을까요?

첫째, 행복이 오래가도록 돈을 쓴다.
적게 쓰고도 행복이 오래가면 돈을 잘 쓴 거예요. 그러려면 물건을 살 때 가격과 성능을 모두 따져 봐야 해요. 비슷한 성능이라면 조금이라도 가격이 더 저렴한 것, 또는 같은 가격이라면 더 큰 만족을 줄 수 있는 상품을 찾으면 좋아요.

둘째, 환경에 도움이 되도록 돈을 쓴다.
돈을 잘 쓰면 환경을 보호할 수 있어요. 마트에 갈 때 장바구니를 챙겨 가면 비닐봉지를 사지 않아도 돼요. 물건을 살 땐 포장이 과도한

제품은 사지 않는 게 좋아요. 또, 배달 음식을 시켜 먹을 때는 나무 젓가락 같은 일회용품을 받지 않는 것도 좋은 방법이랍니다.

셋째, 많은 사람이 행복하도록 돈을 쓴다.
나 말고도 많은 사람이 행복해지도록 돈을 써요. 기부도 좋지만 이보다 더 좋은 방법이 있어요. 좋은 일을 하는 기업의 물건을 사는 거예요. 우유를 파는 어떤 기업은 아픈 아이들의 치료비를 보태 주고 있대요. 이 회사의 우유를 사면 우리도 그 아이들에게 도움을 주는 것과 마찬가지예요.

  돈을 잘 쓰는 세 가지 방법 중에 여러분이 실천하고 싶은 것은 무엇인가요? 어떻게 실천할지 써 보세요.

넉넉하게 돈 불리기

CHAPTER 4

 투자 습관

21 돈이 불어나는 마법이 있다고요?

내 이야기를 들어 봐

그동안 열심히 모은 15만 원을 가지고

설레는 마음으로 게임기를 사러 갔다.

그런데 이게 무슨 일이람?

분명 1년 전에는 15만 원이었는데

지금은 가격표에 18만 원이라고 쓰여 있다.

아저씨가 말하길,

1년 사이에 인기가 많아져서 가격이 올랐다고 했다.

꾹 참고 용돈을 아껴 썼지만 게임기를 살 수 없다니….

돈이 불어나는 마법, 어디 없을까?

투자는
돈을 불어나게 만들어요.

돈은 나를 위해 일하는 졸병이라고 했지요? 내 졸병들이 은행 통장에서 벌어 온 돈은 아주 적은데 게임기는 3만 원이나 올랐어요. 그렇다고 포기하면 안 돼요. 다행히 돈 졸병들을 더욱 열심히 일하게 만드는 방법이 있어요.

졸병들을 열심히 일하게 하려면 통장 밖으로 내보내야 해요. 이걸 '투자'라고 해요. 투자란, 졸병들을 세상 곳곳으로 보내서 부지런히 돈을 벌어 오도록 하는 거예요.

투자할 수 있는 곳은 아주 다양해요. 보통 어른들은 주식, 부동산 그리고 유명 화가의 작품에 투자해요. 시간이 흘러 가격이 오를 수 있다면 무엇이든 가능해요.

투자한다고 해서 무조건 돈을 벌 수 있는 건 아니에요. 통장 밖은 위험한 일들로 가득하기에 졸병이 다치거나 사라질 수도 있어요. 즉, 돈을 잃게 된다는 거예요.

그래서 우리는 충분히 공부한 다음에 졸병들을 내보내야 해요. 함부로 아무 곳으로 보내다가는 가진 돈을 모두 잃게 될 수도 있답니다.

　여러분도 투자에 관심이 생겼나요? 어릴 때부터 투자에 관심을 갖고 익혀 나간다면 돈에 밝은 어른으로 자랄 수 있어요.

🪙 올바른 돈 습관을 길러요

부모님과 함께 투자에 대해 이야기를 나눠 보세요.

1 사람들은 주로 어디에 투자할까요?

_____

2 나는 어떤 투자를 할 수 있을까요?

_____

3 투자할 때는 무엇에 주의해야 할까요?

_____

22 투자는 좋은 거라고 했는데 투기는 왜 나빠요?

> 내 이야기를 들어 봐

"아이고, 요즘 젊은이들이 투기에 빠져 돈을 날린다니 참 큰일이야."
신문을 읽던 할머니가 혀를 끌끌 찼다.

"투기가 뭐예요?
투자랑 비슷한 말이에요?"

 할머니는 투자는 좋은 것이지만
투기는 나쁜 것이어서
절대 하면 안 된다고 했다.

투기가 뭐길래 나쁘다는 걸까?

투자는 돈을 불려 주지만
투기는 돈을 잃게 해요.

투자와 투기는 비슷해 보이지만 의미는 하늘과 땅 차이예요. 무엇이 다른지 황금알을 낳는 거위 이야기를 통해 알아봐요.

어느 날, 두 농부에게 한 달에 하나씩 황금알을 낳는 거위가 생겼어요.

`농부1` 성실한 농부1은 거위가 오랫동안 황금알을 낳을 수 있도록 정성껏 보살폈어요. 건강에 좋은 먹이를 챙겨 주고 운동도 꼬박꼬박 시켜 줬지요. 아플 땐 지극정성으로 돌봐 주었어요. 농부의 노력 덕분에 거위가 낳는 황금알은 계속 쌓여 갔어요.

`농부2` "난 당장 부자가 되고 싶단 말이야! 어떻게 한 달씩이나 기다려? 거위 배 속에 있는 황금알을 다 꺼내야지." 농부2는 거위의 배를 갈랐어요. 그런데 글쎄 배 속에는 아무것도 없었어요. 당장 많은 돈을 벌겠다는 농부의 욕심 때문에 거위는 죽고 말았어요.

농부1은 '투자'를 했어요. 투자는 시간과 노력을 충분히 들여 돈을 벌고자 하는 거예요. 반면 농부2는 '투기'를 했어요. 투기는 별다른 노력 없이, 짧은 시간에 돈을 벌고자 하는 터무니없는 행동이에요.

만약 농부2가 투자의 마음으로 거위를 키웠다면 큰 부자가 되었을 텐데 안타까워요. 이처럼 돈을 불리는 건 투기가 아닌 투자란 사실, 꼭 기억하세요.

올바른 돈 습관을 길러요

농부2에게 어떤 말을 해 주면 좋을까요?
'투자'와 '투기' 두 단어가 들어가도록 쪽지를 써 봅시다.

23. 내 짝꿍은 세뱃돈 대신 주식을 받았대요

내 이야기를 들어 봐

친구들이 아침부터 삼삼오오 모여 있었다.

다들 세뱃돈을 얼마나 받았는지 이야기했다.

나는 코로나 때문에 친척 집에 가지 못해서

부모님께 받은 5만 원이 전부다.

그때, 내 짝꿍 진우가 자랑하듯 말했다.

"나는 용돈 말고 주식 받았어. 너희는 주식 있어?"

주식이라면 예전에 부모님이

이야기하는 걸 들은 적 있다.

그런데 어린이도 주식을 가질 수 있다고?

23

주식

주식에 관심을 가지면
세상을 바라보는 눈이 넓어져요.

돈 졸병을 일하게 하는 첫 번째 방법은 '주식'이에요. 주식은 기업에 투자하는 거예요. 기업이 돈을 벌면 주식을 가진 '주주'들과 나눠요. 그럼 내가 보내 놓은 졸병들이 돈을 가지고 와요.

주식 덕분에 수많은 기업과 주주들이 서로의 꿈을 키워 가고 있어요. 기업이 꿈을 펼치기 위해서는 많은 돈이 필요해요. 이때, 주식을 팔면 돈을 모을 수 있어요. 세계 최고의 대기업들은 대부분 주식으로 돈을 모아 거대해진 회사들이랍니다.

주주는 부자가 되겠다는 꿈을 이룰 수 있어요. 투자한 기업이 잘될수록 내가 나눠 갖게 될 몫도 많아져요. 그래서 어떤 주주들은 아주 오랜 세월 동안 주식을 갖고 있으면서 기업이 커 가는 과정을 함께하기도 해요. 세계적인 투자자 워런 버핏은 코카콜라 회사에 무려 30년 넘게 투자해 오고 있어요. 회사가 커지면서 그의 재산도 크게 불어났지요.

여러분도 주식에 관심을 가져 보는 건 어떨까요? 주식을 공부하면 세상을 바라보는 눈이 넓어진답니다. 더불어 경제 지식도 차곡차곡 쌓일 거예요.

올바른 돈 습관을 길러요

1 우리 주변의 물건을 만든 회사는 어디인가요? 찾아서 써 봅시다.

물건	만든 회사	물건	만든 회사

2 이 중에서 앞으로도 돈을 잘 벌 것 같은 회사는 어디인가요? 2개를 골라 동그라미표를 해 봅시다.
잘 모르겠다면 부모님과 상의해 보세요.

3 왜 그 회사를 골랐는지 이유를 써 보세요.

-
-

23 주식

24

우리 아빠는 주가 따라
기분이 오르락내리락해요

내 이야기를 들어 봐

오늘따라 아빠의 기분이 좋아 보였다.

엄마에게 조용히 물어보니

아빠가 산 주식 가격이 많이 올랐다고 했다.

지난번에는

주식 가격이 떨어졌다고 한숨 쉬었는데

오늘은 다시 올랐나 보다.

아빠 기분이 좋을 수 있게

매일 주식 가격이 오르면 좋겠다.

주가

주식도 물건처럼 가격이 오르내려요.

주식의 가격을 '주가'라고 해요. 누구나 주식의 가격이 오르길 원해요. 나중에 팔 때 돈을 벌 수 있으니까요. 하지만 주가가 매일 오르지는 않아요. 날마다 오르락내리락하지요. 왜냐고요? 사람들의 마음이 다 다르기 때문이에요. 회사를 좋게 보는 사람이 많아지면 주가가 올라요. 반대로 나쁘게 보는 사람이 많아지면 주가는 내려요.

뉴스1 "주식회사 떡보네가 중국에 가게를 열었는데, 사람들이 줄 서서 사 먹을 정도로 인기래요."

회사의 앞날이 기대돼요. 돈을 많이 벌어 주주들과도 나누겠지요? 주식을 사려는 사람이 많아져서 주가가 올라요.

뉴스2 "주식회사 떡보네의 가래떡에서 벌레가 나와 소비자들의 발길이 뚝 끊겼대요."

당분간 회사의 앞날이 어두워 보여요. 주주들이 실망했어요. 그들이 주식을 팔면서 회사의 주가는 떨어져요.

주식을 샀는데 주가가 떨어질까 봐 걱정된다고요? 기업이 커지려면 시간이 걸려요. 그동안 주가는 들쑥날쑥할 거예요. 그러니 매일 움직이는 주가에 기분이 좋았다 나빴다 할 필요는 없답니다.

 올바른 돈 습관을 길러요

이런 상황이라면 주가가 어떻게 될까요? 주가가 오를 때는 상승 화살표(↑), 내릴 때는 하강 화살표(↓)를 그려 보세요.

A 치킨 회사 사장이 나쁜 일을 저질러 사람들에게 피해를 줬어요.

- 사람들은 A 치킨을 사 먹지 않기로 했어요. 회사의 주가는 ……[ ]
- 이제 사람들은 B 치킨을 찾아요. 덕분에 B 치킨 회사 주가는 …[ ]

코로나 바이러스 때문에 해외여행객이 크게 줄었어요.

- 비행기 회사가 큰 손해를 입을 거예요. 회사의 주가는 ………[ ]
- 집에 머물며 게임하는 사람들이 많아지면서 게임 회사 주가는 [ ]

25
내 친구 경민이의
꿈은 건물주래요

내 이야기를 들어 봐

학교 앞 큰길에 새로운 건물이 생겼다.

꼭대기가 보이지 않을 정도로 높은 건물이다.

"우와! 진짜 높다. 몇 층까지 있을까?"

그러자 경민이가 말했다.

"나도 나중에 크면 이 건물처럼

높고 멋진 건물을 가진 건물주가 될 거야!

그럼 일하지 않고도 돈을 벌 수 있어."

돈을 벌기 위해서는
시간과 노력이 필요해요.

　부동산은 땅이나 집처럼 옮길 수 없는 재산을 뜻해요. 아주 옛날부터 사람들은 부동산으로 돈을 벌었어요. 자기 땅에서 직접 농사를 지어 곡식을 팔거나, 다른 사람에게 땅을 빌려주고 대가를 받으며 돈을 벌었지요.

　오늘날에도 부동산에 투자하는 사람들이 많아요. 집이나 건물을 사들여 필요한 사람에게 빌려주고 돈을 받아요. 가격이 오르면 팔아서 돈을 남기기도 하고요. 또, 땅을 사들여 그곳에 건물을 짓는 등 여러 사업을 벌이기도 해요.

　부동산 투자를 잘하면 일하지 않고도 돈을 벌 수 있다는 장점이 있어요. 그래서 선생님 반에는 장래 희망이 '건물주'라는 친구가 있었어요. 평생 놀면서 풍족하게 살고 싶다고 했지요. 그런데 "어떻게 건물을 살 거야?" 하고 물으니 대답하지 못했어요. 그냥 언젠가 큰돈이 생기기만을 바랄 뿐이었지요.

　돈은 하늘에서 뚝 떨어지지 않아요. 돈을 벌려면 열심히 일하고 투자 공부를 해야 해요. 시간과 노력이 필요하지요. 이런 불편한 과정은 겪지 않고 편하게 돈을 벌겠다는 생각은 헛된 욕심일 뿐이랍니다.

올바른 돈 습관을 길러요

여러분에게 아주 넓은 땅이 생겼어요! 땅을 어떻게 활용하면 좋을까요? 농사를 지어도 좋고 놀이동산을 만들어도 좋아요. 만약 건물을 세운다면 어떤 건물을 세우고 싶은가요? 그림으로 그려 보세요.

26
제 용돈은
전부 주식에 투자할래요

내 이야기를 들어 봐

얼마 전 부모님과 상의해서

용돈으로 휴대폰 회사의 주식을 샀다.

주식이 오르면 나도 부자가 되겠지?

주식이 더 많으면

돈도 더 많이 벌 수 있을 것 같다.

그래서 결심했다,

내 용돈은 몽땅 주식 시장에 투자하기로!

돈은 여러 곳에 나눠 담아야 안전해요.

　용돈을 전부 주식에 투자한다고요? 음, 별로 현명하지 못한 생각이에요. 여러분에게 달걀 10개가 있는데 한 바구니에 넣는다고 해 봐요. 길을 가다 넘어지면 어떻게 될까요? 모두 깨져 버릴 거예요. 투자도 똑같아요. 돈을 한 군데만 투자하면 위험이 닥쳤을 때 곤란해질 수 있어요.

　그럼 어떻게 해야 하냐고요? 계란을 나눠서 담아야죠! 선생님은 여러분이 가진 돈을 세 주머니에 나눠 담길 추천해요.

❶ **주식 주머니**

주식을 살 때는 한 기업의 주식만 사면 안 돼요. 왜냐하면 미래에 어떤 일이 닥칠지는 아무도 모르니까요. 지금 돈을 잘 버는 기업도 언젠가 망할 수 있어요.

❷ **통장 주머니**

주식 투자는 성공하면 많은 돈을 벌 수 있지만 위험해요. 그래서 안

전한 통장에도 돈을 어느 정도 저축해 두어야 해요.

❸ **현금 주머니**

현금은 일하지 않고 제자리에 가만히 있는 졸병이에요. 그래도 가끔씩 제 역할을 톡톡히 해요. 예기치 못한 상황이 생겼을 때 아주 유용하게 쓸 수 있거든요.

주식, 통장, 현금 주머니와 함께라면 안전하게 돈을 불릴 수 있을 거예요.

올바른 돈 습관을 길러요

여러분이라면 주머니 세 개(주식, 통장, 현금)의 크기를 어떻게 나눌 건가요? 아래 원에 그려 봅시다. (방학 계획표와 비슷해요!)

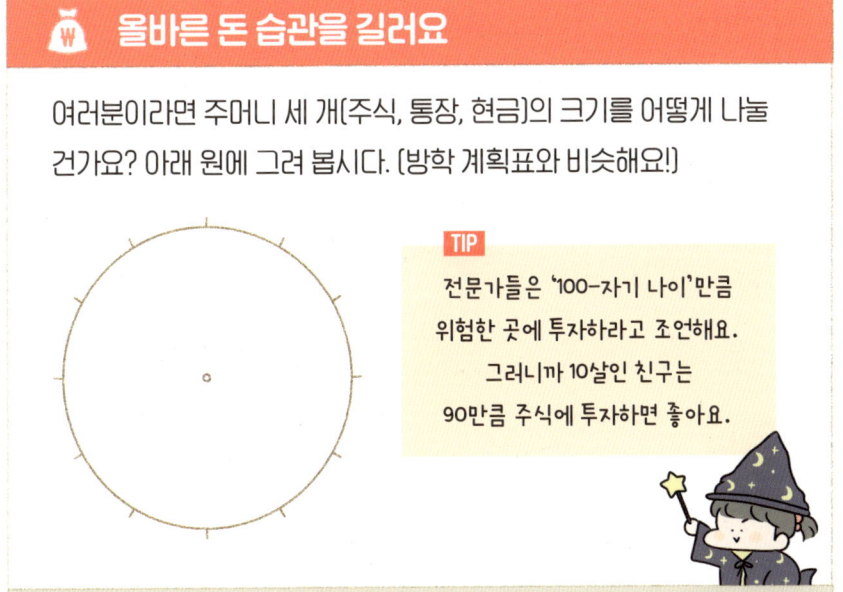

TIP
전문가들은 '100-자기 나이'만큼 위험한 곳에 투자하라고 조언해요. 그러니까 10살인 친구는 90만큼 주식에 투자하면 좋아요.

27

공부해도 돈은 한 푼도 안 생기는데, 왜 해야 돼요?

내 이야기를 들어 봐

내일까지 외워야 할 영어 단어가 산더미다.

'어휴, 이걸 언제 다 외워.'

숙제를 하다가

책상 위에 냅다 엎드렸다.

하루 종일 공부한다고

돈이 생기는 것도 아닌데

왜 공부를 해야 할까?

공부하느라 쓴 시간과 노력은 차곡차곡 쌓여 언젠가 빛나요.

여러분은 공부를 왜 하나요? 부모님이 시켜서? 커서 돈을 잘 벌 수 있다고 해서? 그런데 공부를 잘한다고 꼭 돈을 더 잘 버는 것은 아니에요. 그럼 도대체 공부를 왜 해야 할까요?

첫째, 세상은 아는 만큼 보이기 때문이에요. 공부를 통해 생각의 크기를 넓히면 사업이나 투자에 도움이 돼요. 예를 들어, 영어나 중국어 같은 외국어 공부를 열심히 하면 세상의 다양한 정보를 받아들이고 돈을 벌 수 있는 기회가 훨씬 많아져요.

둘째, 인내심을 기를 수 있어요. 미국의 한 대학에서 '성공한 사업가들에게 성공에 가장 큰 도움을 준 것이 무엇인지 물었어요. 그러자 '인내심'을 꼽은 사람들이 가장 많았어요. 인내심은 어려운 문제를 포기하지 않고 해결하면서 길러져요.

오해하진 말아요. 공부가 반드시 영어, 수학을 의미하는 건 아니에요. 더욱 잘하기 위해 노력하고 힘쓰는 것이라면 춤이든, 게임이든, 무엇이든 공부가 될 수 있어요.

공부하느라 쓴 시간과 노력은 결코 사라지지 않아요. 보이지 않는 곳에 쌓여 빛을 내는 순간이 와요. 그러니까 여러분이 좋아하는 공부를 위해 시간을 소중히 쓰면 좋겠어요.

올바른 돈 습관을 길러요

여러분은 무슨 공부를 가장 하고 싶나요?
학교에서 배우지 않는 것이어도 돼요. 무엇이든 적어 보세요.

내가 하고 싶은 공부:

이유:

궁금한 게 있어요!

'가격'보다 더 중요한 '가치'

　우리는 물건을 살 때 가격을 참 중요하게 생각해요. 하지만 돈과 친하게 지내려면 가격보다 더 중요하게 여겨야 할 게 있어요. 바로 '가치'예요.

　'가치'와 '가격'은 비슷하게 생겼지만 뜻은 전혀 달라요. 강아지를 산책시키면 이리저리 왔다 갔다 하지요? 강아지는 가격이고 주인은 가치예요. 강아지는 제멋대로 움직이지만 결국 주인을 졸졸 쫓아가요. 마찬가지로 가격은 오르락내리락하지만 시간이 지나면 가치를 따라간답니다.

　우리는 가치와 가격 중에서 무엇을 더 중요하게 여겨야 할까요? 당연히 가치예요. 하지만 많은 사람들이 가격을 중요시해요. 왜냐하면 가격은 눈에 보이지만 가치는 눈에 보이지 않거든요.

1600년대 네덜란드에서는 아주 놀라운 일이 벌어진 적 있었어요. 자그마한 튤립 한 송이가 무려 집보다 비싸게 팔렸지요. 하지만 이런 이상한 현상은 오래가지 못했어요. 머지않아 튤립 가격은 폭삭 내려앉았고 튤립을 비싸게 산 사람들은 망하고 말았어요.

과연 튤립이 집보다 가치가 높을까요? 그렇지 않아요. 하지만 어리석은 사람들은 튤립의 가격이 점점 높아지자 가치도 높아진다고 착각했던 것이죠.

주식 투자로 세계적인 부자가 된 워런 버핏은 성공의 비결을 묻는 사람들에게 언제나 이렇게 말했어요.

"가치가 높은 주식을 찾아요.
그리고 가격이 낮을 때 사서 기다리면 돼요."

여러분은 어떤가요? 비싼 물건은 귀하게 여기고 저렴한 물건은 무시하진 않나요? 우리 모두 가격이 아닌 숨겨진 가치를 알아보는 현명한 눈을 가졌으면 좋겠어요.

함께 읽으면 좋은 책

❶ 얼큰쌤의 비밀 저금통   김미희 글 | 에스더 그림 | 키다리

2학년이 된 장우는 구두쇠로 유명한 왕대두 선생님을 만나 저축하는 방법을 배우게 됩니다. 그러던 어느 날, 교실에 있는 저금통이 사라져 온 교실이 충격에 빠집니다. 과연 범인은 누구일까요? 절약과 기부의 가치에 대해 깨닫게 해 주는 책입니다.

❷ 돈이 자라는 나무   박정현 글 | 이현지 그림 | 한겨레아이들

학교에서 선생님과 친구들이 나눈 돈 이야기를 담은 책입니다. 돈을 내 편으로 만들어서 잘살 수 있는 방법을 6단계로 소개하고 있습니다. 돈과 멀어지는 습관을 고치고 돈을 열심히 일하게 하는 방법까지 알 수 있습니다.

❸ **레모네이드 전쟁** **재클린 데이비스** 글 | **윤미성** 옮김 | **노도환** 그림 | 개암나무

에반과 제시 남매의 레모네이드 팔기 경쟁을 흥미진진하게 담은 책입니다. 두 아이의 장사 과정을 통해 돈을 버는 법을 익히게 됩니다. 또, 돈과 노동의 소중함 그리고 상대를 배려하는 마음을 깨달을 수 있습니다.

❹ **또봉이 통장** **박종기** 글 | 알에이치코리아

용돈이 부족했던 또봉이는 스스로 용돈 벌기에 나섭니다. 집안일 돕기부터 재활용품 수거함 뒤지기까지 돈 버는 일은 결코 쉽지 않습니다. 또봉이와 함께 부자가 되기 위한 여정을 떠나 볼까요? 용돈이 적어 고민하는 친구들에게 추천합니다.

❺ **경제를 알면 세상이 보여!** **제자벨 쿠페 수베랑** 글 | **오리안 뷔** 그림 | **이정주** 옮김 | 미세기

조에는 엄마가 일자리를 잃고 나자 돈에 대한 걱정과 궁금증이 생깁니다. 그러나 주변 어른들, 친구와 함께하는 돈 이야기를 통해 자신감을 갖게 되고 미래의 경제 고민을 해결하게 됩니다. 만화로 쉽게 경제를 배울 수 있는 책입니다.

❻ 애덤 스미스 아저씨네 경제 문구점 예영, 김세연 글 | 권송이 그림 | 주니어김영사

태랑이는 돈을 몽땅 써 버리는 소비 습관으로 적자 소년이라는 별명을 가졌습니다. 그러다 문구점의 깐깐한 주인 아저씨 애덤 스미스를 만나 점점 변화합니다. 경제학의 아버지라 불리는 애덤 스미스의 경제 이론에 대해 쉽고 재밌게 이해할 수 있는 책입니다.

❼ 10만 원이 10억 되는 재밌는 돈 공부 제임스 맥케나 외 2인 글 | 박성혜 옮김 | 리틀에이

미국 학생들이 배우는 경제 교육 내용을 정리한 책입니다. 경제와 금융을 배울 수 있는 단계별 미션을 통해 어린이 스스로 돈에 대해 관심을 갖고 돈을 관리할 수 있도록 도와줍니다.

❽ 돈을 공짜로 드립니다! 페레 코메야스 글 | 테레사 마르티 그림 | 김영주 옮김 | 책속물고기

주인공 가족은 그토록 바라던 '복권 당첨'의 꿈을 이루지만 기쁨은 잠시뿐, 골치 아픈 상황을 줄줄이 겪게 됩니다. 급기야 돈을 포기하려는 마음까지 먹는 가족의 이야기를 통해 돈과 행복의 의미를 되짚어 볼 수 있습니다.

❾ **우리 반 채무 관계** 김선정 글 | 우지현 그림 | 위즈덤하우스

친구 사이에 돈 문제로 곤란한 일이 생기자, 마룡초등학교 3학년 아이들은 학급 회의를 열어 재밌고 기발한 해결책을 마련합니다. 돈과 우정의 소중함을 깨닫고 문제를 지혜롭게 해결하는 방법을 알 수 있습니다.

❿ **금화 한 닢은 어디로 갔을까?** 로제 쥐든 글 | 폴린 뒤아멜 그림 | 이정주 옮김 | 개암나무

마을에서 돈 때문에 일어나는 흥미진진한 사건들을 다루고 있는 책입니다. 돈의 흐름을 한눈에 알아볼 수 있으며 경제는 사람 사이의 믿음이 바탕이 되어야 한다는 교훈을 전해 줍니다.

아홉살 돈 습관 사전

초판 1쇄 발행 2021년 7월 13일
초판 4쇄 발행 2022년 5월 23일

글 박정현 **그림** 남현지
펴낸이 김선식
경영총괄 김은영

책임편집 김단비 **책임마케터** 오서영
콘텐츠사업7팀장 김민정 **콘텐츠사업7팀** 김단비, 권예경
편집관리팀 조세현, 백설희 **저작권팀** 한승빈, 김재원, 이슬
마케팅본부장 권장규 **마케팅1팀** 최혜령, 오서영
미디어홍보본부장 정명찬 **홍보팀** 안지혜, 김은지, 박재연, 이소영, 김민정, 오수미
뉴미디어팀 허지호, 박지수, 임유나, 송희진, 홍수경
재무관리팀 하미선, 윤이경, 김재경, 오지영, 안혜선
인사총무팀 이우철, 김혜진, 황호준
제작관리팀 박상민, 최완규, 이지우, 김소영, 김진경, 양지환
물류관리팀 김형기, 김선진, 한유현, 민주홍, 전태환, 전태연, 양문현
외부스태프 디자인 ALL design group

펴낸곳 다산북스 **출판등록** 2005년 12월 23일 제313-2005-00277호
주소 경기도 파주시 회동길 490 다산북스 파주사옥
전화 02-704-1724 **팩스** 02-703-2219 **이메일** dasanbooks@dasanbooks.com
홈페이지 www.dasanbooks.com **블로그** blog.naver.com/dasan_books
종이 IPP **인쇄** 갑우문화사 **후가공** 제이오엘앤피 **제본** 대원바인더리
ISBN 979-11-306-3935-2 (74320) 979-11-306-3934-5 (74320) (세트)

- 책값은 뒤표지에 있습니다.
- 파본은 구입하신 서점에서 교환해드립니다.
- KC마크는 이 제품이 공통안전기준에 적합하였음을 의미합니다.
- 이 책은 저작권법에 의하여 보호를 받는 저작물이므로 무단 전재와 복제를 금합니다.

다산북스(DASANBOOKS)는 독자 여러분의 책에 관한 아이디어와 원고 투고를 기쁜 마음으로 기다리고 있습니다.
책 출간을 원하는 아이디어가 있으신 분은 다산북스 홈페이지 '원고투고'란으로 간단한 개요와 취지, 연락처 등을 보내주세요.
머뭇거리지 말고 문을 두드리세요.